AF339752

# WLADIMIR GAGNEUR

# LES BIENFAITS

## DE LA

# RÉPUBLIQUE

PRIX : **25** CENTIMES

PARIS

IMPRIMERIE WATTIER ET C<sup>ie</sup>

4, RUE DES DÉCHARGEURS, 4

1889

# WLADIMIR GAGNEUR

# LES BIENFAITS

## DE LA

# RÉPUBLIQUE

PRIX : **25** CENTIMES

PARIS

IMPRIMERIE WATTIER ET Cie

4, RUE DES DÉCHARGEURS, 4

—

1889

# LES

# BIENFAITS DE LA RÉPUBLIQUE

---

## I

## L'ami Claudet

—Planter des drapeaux jusque sur mon clocher ! Ah ! leur centenaire, leur centenaire ! Ils verront bientôt ce qu'il leur réserve, leur satané centenaire !

Ainsi fulminait Grimaud, le sacristain, le matin du 14 juillet, en passant tout près d'Etienne Claudet, qui, lui, au contraire, se gaudissait en regardant flotter les drapeaux.

Par hasard, ce jour-là, la bourse de Claudet était un peu rondelette, et une joyeuse malice éclatait dans ses petits yeux gris, sous ses gros sourcils, pareils à des moustaches.

Ancien soldat, mi-ouvrier, mi-paysan, Claudet est rusé comme un Normand, bien qu'il soit Franc-Comtois. Plein de bon sens, prompt à la riposte, aimant à rire un brin, toujours content d'ailleurs, malgré les mauvais coups du sort, c'est au demeurant un bien brave homme.

Il s'avança gouailleur à la rencontre du sacristain.

— Sais-tu bien, Grimaud, qui est venu les planter sur ton clocher, ces drapeaux qui t'horripilent?

— Pardi! c'est toi.

— Avec la permission de M. le maire. Et comme l'église est à la commune, il a bien le droit d'y faire planter ce qui lui plaît.

— L'église est d'abord à M. le curé, riposta vivement Grimaud. Il faut vraiment avoir le diable au corps pour prendre plaisir à outrager la religion.

— Le drapeau outrage la religion! Selon moi, il l'honore. Qu'y a-t-il de plus beau que le drapeau de la France? Au régiment pendant la guerre, j'ai fait partie de la garde du drapeau, et je l'ai crânement défendu, j'ose le dire. Aussi je l'aime le drapeau, et je voudrais le voir flotter partout.

— C'est-à-dire que tu as simplement voulu molester M. le Curé.

— Pourquoi donc? Le drapeau, n'est-ce pas la Patrie?

— M. le Curé aime la patrie autant que toi, mauvais garnement.

— Mais avec un autre drapeau, c'est-à-dire un autre gouvernement. Et cependant cette République est-elle assez bonne enfant! Elle en est même un peu bonnasse de payer les curés encore plus cher que sous l'empire pour qu'ils déblatèrent et conspirent tout le temps contre elle. Ah! ce qui les fait enrager surtout, ce sont les fêtes du Centenaire!

— Attends quelque peu, répliqua Grimaud devenu rouge de colère; et nous le fêterons aussi votre centenaire; mais d'une autre façon; et vous danserez ce jour-là un joli rigodon.

— Parbleu! Si vous étiez les maîtres, tous les républicains à la *Nouvelle*, nous savons ça. Aussi nous avons l'œil. Et ils ont beau comploter, Messieurs les Curés, les bonapartistes et les royalistes; les marquises et les duchesses ont beau s'embrasser à tire-la-rigole sur les joues passablement ridées du général Boulanger, rien n'y fera : la République est encore plus solide que vous ne croyez, si j'en juge par Neubourg et les pays voisins.

— Ah! Ah! Tu as donc déjà commencé tes tournées pour ce fameux Herbault, le conseiller général?

— Et toi, pour ton marquis de Velizay?

— Eh bien ! mon pauvre Claudet tu perds ton temps ; car nous sommes archi-sûrs de la victoire.

— Nous verrons çà dans quinze jours. Que paries-tu ?

— Un écu.

— C'est dit

Soudain, Grimaud se radoucit. Sa vilaine bouche fielleuse essaya même de tortiller un sourire.

— Voyons, Claudet, tu as des enfants, tu n'es pas riche, travailler pour ces mauvais républicains qui n'ont pas le sou, c'est un métier de dupe. Viens donc avec nous. Tu as de l'influence parmi les ouvriers et les paysans. Le marquis est riche et généreux !....

— Est-ce qu'on t'aurait payé pour corrompre ce pauvre Claudet ? Sache, Grimaud, que ce n'est ni pour les hommes ni pour l'argent que je travaille : c'est pour la République, je défends la République comme le drapeau, pour l'honneur.

— Ta République ! répliqua Grimaud en haussant les épaules. Sais-tu seulement ce que c'est ?

— C'est le gouvernement du peuple, et j'en suis, du peuple.

— Ça te fait une belle jambe !

— Ça me fait que je choisis pour gouverner et faire les lois, les hommes que j'estime et qui me paraissent les plus dévoués à la patrie et au pauvre monde.

En ce moment, une calèche à deux chevaux débouchait sur la place de l'Eglise. C'étaient M. et M<sup>me</sup> de Vélizay qui se rendaient à la messe. M. le Curé les accompagnait.

Tiens ! Tiens ! fit Claudet, des œillets rouges à la tête des chevaux !

— Qu'est-ce que ça veut dire, camarade ? questionna le maréchal-ferrant, Pichon, dit l'Enclume, qui arrivait avec une belle blouse neuve, les mains dans ses poches.

— Cela veut dire que l'œillet rouge est la fleur de Boulanger, et que Madame la Marquise, déjà vieillotte, veut singer les vieilles duchesses de Paris, c'est la mode. Qu'y a-t-il de plus bête que la mode ? Il y a le boulangisme, c'est-à-dire un homme, un soldat indiscipliné, un général dégommé qui se dit républicain à tout casser et qui s'allie avec tous les pires ennemis de la République, témoins le curé et le marquis de Vélizay.

— Cependant, ce n'est point ce que dit un journal que j'ai reçu ce matin, intitulé : *Le grand Parti national.*

— Le grand parti national ! C'est-à-dire un margouillis de légitimistes, de bonapartistes, d'orléanistes, de curés de jésuites et, brochant sur le tout, une demi-douzaine de communards. Le voilà, le grand parti. Avant six mois, ni vu, ni connu, le grand parti, flambé, en-ter-ré.

— Ecoute, répondit Pichon, cette politique, ça me casse la tête : les uns disent blanc ; les autres disent noir. Lesquels faut-il croire ? Je suis comme toi, républicain. Mais ils assurent que Boulanger l'est aussi et un bon, et qu'il se fait fort d'amener à la République tous les réactionnaires.

— Et les curés aussi ? Et le pape aussi ? et les jésuites aussi ? Et tu crois ça, mon pauvre l'Enclume. Ecoute, as-tu confiance dans notre maire ?

— Ah! pour ça, oui, c'est un brave homme, M. Berthier.

— Eh bien! je vais chez lui; viens avec moi. Il te démontrera à quel abîme nous mènerait le retour de toute cette clique.

— Volontiers. J'allais à la messe, je l'avoue. Depuis un mois, on me serine aux oreilles: Boulanger par ci, marquis par là. Mais j'aime encore mieux une conversation avec notre brave maire, qu'un sermon du curé. Et puis, tu sais, camarade, depuis le temps que tu me connais, que je ne suis pas un cafard.

## II

## Un maire républicain comme il y en a beaucoup

Ils traversèrent Neubourg, qui est un chef-lieu de canton, avec une grande rue au milieu, très propre, une place plantée d'arbres, plusieurs fontaines jaillissantes, un lavoir bien abrité, une belle mairie, deux écoles qui ressemblent à des palais.

On doit à M. Berthier, le maire actuel, une école supérieure de filles, qui a déjà une réputation dans les alentours, puis une fromagerie modèle. Partout, enfin, apparaît l'ingénieuse sollicitude d'un administrateur intelligent et tout dévoué à ses administrés.

Ce matin-là, Neubourg était particulièrement coquet, avec les drapeaux aux fenêtres, les guirlandes de verdure et de lanternes vénitiennes courant le long des boutiques et les visages joyeux, qui faisaient dire que la fête était dans l'air.

— Hein ! te rappelles-tu Neubourg, il y a seulement dix ans ? Etait-ce un sale petit trou ? M. Berthier en a fait presque une petite ville. Et il aurait fait mieux encore, s'il n'était constamment taquiné par les réactionnaires du conseil municipal. Et puis, avec lui, si l'on veut travailler, on trouve toujours de l'ouvrage.

— Ça, c'est vrai, et pas plus fier qu'au temps où il était simple ouvrier, comme nous.

— Ce qui n'empêche pas les vipères cléricales de répandre sur lui les plus abominables calomnies.

Donc, il y a à Neubourg, comme dans beaucoup d'endroits, deux partis. Celui du maire et celui du curé.

Sans doute, il y a de braves prêtres, bons et secourables, qui remplissent tranquillement leur mission de prier Dieu, et qui savent faire aimer la religion en pratiquant la vertu et la tolérance ; mais il y en a d'autres qui se regardent tout de bon comme les représentants de Dieu sur la terre, et qui, à ce titre, veulent tout régir et dominer. Ce sont de vrais petits despotes dans leurs paroisses, se mêlant de tout ce qui ne les regarde pas: des affaires des particuliers, comme des affaires de la commune.

Ainsi est le curé de Neubourg, intrigant, dominateur, violent, vindicatif. Son rêve en politique, comme celui de tous les nobles, c'est de nous ramener l'ancienne royauté, où nobles et curés avaient le haut du pavé, et où le pauvre peuple ne comptait que pour payer l'impôt. Dans ce parti, se rangent, naturellement, les chantres, les marguilliers, les paresseux, qui vivent d'aumônes. les saintes-nitouches, les hypocrites, qui ont quelques vices à cacher sous le voile de la religion, les peureux, qui ne croient ni à Dieu ni au diable, mais qui se servent de Dieu comme d'un grand gendarme, et du diable comme d'un croquemitaine.

Au parti du curé s'est joint celui de M. Moutonnet, l'ancien maire, qui, pour se venger d'avoir perdu son écharpe, est devenu réactionnaire.

Dans le parti du nouveau maire, il y a tous les républicains, que les gens du curé appellent des braillards, des révolutionnaires, des partageux.

Arrivés devant une jolie maisonnette, égayée par une floraison de géraniums et de rosiers, Claudet et Pichon s'arrêtèrent.

C'est là qu'habite Denis Berthier.

Ils le trouvèrent absorbé dans un travail d'écriture.

— Comment, monsieur le maire, vous ne vous reposez pas même le jour de la fête nationale ?

— Tranquillise-toi, Claudet. Je m'apprête à fêter dignement, et de tout mon cœur, la grande fête du Centenaire. Nous devons trop à la Révolution pour ne pas en glorifier le souvenir. Le banquet sera très nombreux ; et ce soir, bal, illuminations, feu d'artifice. Une minute, je suis à vous. Je termine le devis de notre chemin, qui doit être en préfecture demain matin. Non seulement ce chemin sera d'une grande utilité pour Neubourg, mais je compte sur les travaux de terrassement pour faire vivre, cet hiver, nos malheureux vignerons qui, cette année encore, ne seront pas riches. C'est que je sais ce que c'est que d'avoir du cœur à l'ouvrage, des bras vigoureux, et de ne pas trouver de travail.

Denis Berthier était, en effet, un ancien ouvrier : Peintre en bâtiment et charpentier, très intelligent, instruit, d'esprit aventureux, il avait quitté Neubourg, jeune encore, avait amassé honnêtement, comme entrepreneur, une modeste fortune, et était revenu habiter sa petite ville, auprès de son vieux père, ancien proscrit de 51, républicain aussi inébranlable qu'ardent dans ses convictions, et qui avait inculqué à son fils l'amour du bien, de la liberté et de la justice.

Etre utile à ses semblables et servir la République jusqu'à son dernier souffle, telle était sa devise, comme celle de son fils.

Devenu maire, Denis n'avait d'autre ambition que d'appliquer ses principes.

— Monsieur Berthier, lui dit Claudet, je vous

amène là mon camarade Pichon, un brave, qui court un grand danger.

Denis sursauta, repoussa ses papiers, et s'avançant affectueusement vers les deux amis :

— Que lui arrive-t-il donc ?

— Il allait commettre, quand je l'ai rencontré, nne rude sottise. Eh ! ma foi, presque un crime.

— Voyons donc ça !

— Il était bien près tout à l'heure de passer à l'ennemi : vous devinez qui ?

— Non.

— Au parti du marquis et de Boulanger. Je l'ai retenu au bord du précipice.

— Comment, toi, Pichon, un vieux soldat, tu allais déserter ? Je ne puis le croire. En tous cas, tu as bien fait de me l'amener, Claudet.

— J'ai pensé que vous trouveriez le moyen de le convaincre.

— Sois tranquille. Il restera avec nous, parce que c'est un honnête homme, et qu'il suffira de lui ouvrir les yeux pour qu'il reconnaisse son erreur. Voyons, mon brave, n'est-ce pas toi que j'ai autrefois entendu crier si souvent : A bas les jésuites ?

— Et je suis prêt à le crier encore.

— En bien ! je vais t'apprendre ce que tu ne sais pas apparemment : Ce sont les jésuites qui ont négocié l'alliance des cléricaux avec Boulanger.

Boulanger, qui leur a fait des promesses, donné des garanties, exactement comme Napoléon III en 51. Aussi les a-t-on vus tout puissants sous l'Empire. Voulez-vous la preuve que ce sont eux encore qui manigancent tout cela ? Tenez, pour ne parler que de Neubourg, quelles sont, parmi les femmes, les plus ardentes boulangistes ? Les anciennes pénitentes des jésuites. L'autre jour, M^lle de Perruchot, qui porte une grande croix d'or sur la poitrine, qui est affiliée à je ne sais quel tiers-ordre, disait, je l'ai entendu de mes propres oreilles : « Croyez-vous que s'il ne s'était agi de rappeler nos bons pères, nous aurions jamais consenti à faire alliance avec des bandits comme Rochefort, Laguerre et compagnie ? Le premier acte de Boulanger en arrivant au pouvoir, ce sera l'abrogation de l'odieux article 7 qui a dispersé, exilé les saints ordres. » Il est donc certain que le lendemain de la victoire des réactionnaires, nous verrions, à la suite des fils de Loyola, rentrer toute la séquelle. Déjà on entend les taupes frétiller tout près du sol. Elles se remuent, s'agitent, creusent des souterrains en tous sens. Et si ce Boulanger arrivait, ce serait une nouvelle invasion de cornettes blanches, grises, bleues, noires. Et nos écoles, créées au prix de tant de soins et de sacrifices, seraient fermées, détruites, pour faire place aux seules écoles congréganistes. Et tu as des filles, je crois, Pichon, qui montrent de belles dispositions. Leur éducation resterait en chemin.

— Ce serait, en effet, une calamité, s'écria l'honnête maréchal en baissant la tête avec confusion.

— Mais ce n'est pas le seul danger qui nous menace. Comment Boulanger tiendra-t-il ses engagements, remboursera-t-il les frais énormes qu'entraînent ses élections ? Comment soutiendra-t-il son prestige, et gagnera-t-il l'armée ? Il fera fatalement ce qu'ont fait les deux Napoléons : la guerre. Ce mot seul ne te fait-il pas frémir, toi qui as vu la terrible guerre de 70, et qui faisais partie de l'armée de Bourbaki ? Tu me l'as racontée, cette retraite lamentable.

-- Ah ! mille tonnerres, que nous avons souffert par le froid, la faim, la honte !

— Eh bien ! aujourd'hui encore, une nouvelle guerre avec la Prusse serait la plus redoutable des aventures. Sans doute, nous sommes mieux armés, mieux préparés ; mais, qui donc peut être certain de la victoire ? Une défaite, ce serait la France démentelée : la Franche-Comté et la Champagne perdues comme l'Alsace et la Lorraine ; ce seraient de nouveaux milliards à verser dans les caisses de la Prusse, de nouveaux impôts, une ruine en un mot, dont nous ne pourrions, cette fois, nous relever. Et comment compter sur ce général qui a donné l'exemple de l'indiscipline et d'une impardonnable légèreté, sur ce général qui, dès la première menace d'un procès, a pris lâchement la fuite ; sur ce général, en un mot, qui vient d'être condamné par la Haute Cour comme traître envers la République qu'il voulait, cela est indubitable, confisquer à son profit pour satisfaire ses appétits de jouisseur et ceux de ses complices ? Que serait-il capable de faire à la tête d'une armée en péril ? La France a eu assez d'un Bazaine.

— C'est bien, monsieur Berthier. Je suis convaincu. Et maintenant on ne me fera plus changer. La guerre et les jésuites, ce sont deux fléaux épouvantables. Il faut nous en garer à tout prix. Vous pouvez maintenant compter sur moi. Voilà des élections. J'ai déjà fait plusieurs fois campagne avec Claudet. Nous tiendrons à nous deux tout le canton. Affiches, bulletins, nous nous chargeons de tout. Claudet a la langue bien pendue. Pour moi, j'ai de bons poumons : je crierai fort : Vive la République ! A bas les cafards, les nobles, Boulanger et sa suite !

M. Berthier serra affectueusement la main des deux amis.

— Au revoir, leur dit-il, nous aurons bientôt une réunion. Vous y serez, je compte sur vous.


# III


# Les bienfaits de la République


C'était jour de marché ; il y avait affluence au café Gaudot.

Ce café, situé sur la grande place de Neubourg, est fréquenté un peu par tous les partis, Gaudot n'affichant aucune préférence politique.

On parlait avec animation des élections prochaines au Conseil général, lorsque justement M. Berthier entra avec M. Herbault, le candidat des républicains.

Il jeta un regard sur la salle.

— Bon, se dit-il, nous aurons des contradicteurs.

En effet, il venait d'apercevoir à une table, Grimaud et Rapinet, homme d'affaires du marquis de Vélizay ; puis, tout à côté, Pinsot, un notaire véreux sans emploi, forcené boulangiste ; Beuvier, un mauvais maquignon qui courait les foires et faisait une propagande enragée pour le marquis ; un juge de paix dégommé ; Niquet, un épicier qui fraudait ses denrées ; Grisard, un marchand de vin assez influent ; quelques débauchés, coureurs de filles, tous gens plus ou moins ruinés, plus ou moins mécontents, devenus boulangistes parce qu'ils avaient l'espoir de tirer profit d'un régime nouveau. Enfin, de braves ouvriers et des paysans de très bonne foi qui ne demandaient qu'à être éclairés.

Dès qu'on aperçut le candidat accompagné du maire, un silence se fit, mais de courte durée. On recommença à parler politique de plus belle, au point que bientôt tous criaient à la fois, frappant des poings sur les tables, s'injuriant, se menaçant même.

Denis Berthier seul, gardait son sang froid, bien qu'on vît palpiter ses paupières quand on osait l'attaquer directement.

— M. Rapinet, disait Claudet gouailleur, est-ce tout de bon qu'au mois d'octobre vous nous ramenez un roi ? M. le marquis de Vélizay sera-t-il au moins ministre ? Car, après le Conseil général, ce sera la députation.

— Un conseil, mauvais communard, ne parle pas tant. On pourrait bien te fermer la bouche d'une façon qui te ferait faire une drôle de grimace.

Claudet se leva pour s'élancer sur Rapinet. Berthier le retint.

— Ma foi, vienne ce qui voudra, ce sera toujours mieux que ce que nous avons, opina le maquignon.

— Voyons, messieurs, articulez donc vos griefs contre la République ; et je me fais fort de vous répondre, dit Berthier.

— Avec ça qu'il faut chercher beaucoup. La République nous ruine, pardi !

— Elle gaspille notre argent, appuya Moutonnet, l'ancien maire remisé.

— Elle persécute la religion, ajouta Grimaud.

— Elle a chassé Dieu des écoles, accentua Rapinet.

— Enfin, au lieu de faire des économies et de dégrever les impôts, on s'endette de plus en plus, et l'on ne dégrève rien du tout. Quant aux réformes, Ah ! ouich ! on crée plutôt de nouveaux abus.

— Tout cela, messieurs, ce sont paroles en l'air, et si vous voulez bien me le permettre, je puis, avec mon ami Herbault, répondre à toutes vos accusations.

— Ah ! si vous pouvez nous prouver que nous ne crevons pas de misère !

— D'abord, puisque vous avez de l'argent à dépenser au cabaret, vous n'êtes pas encore si pauvres. Je vous demande quelques instants d'attention.

— Allons, contez-nous vos balivernes, dit insolemment le marchand de vins.

— Ces balivernes sont des chiffres, répondit Berthier. Première accusation : la République nous ruine et gaspille l'argent du Trésor.

— Vive Boulanger ! cria un tapageur.

— Or, voici, reprit le maire, toujours impassible, quelle est aujourd'hui la situation de nos finances ; et vous verrez si c'est à la République qu'on doit reprocher d'avoir augmenté notre dette.

— Qui s'élève à vingt milliards, interrompit le notaire véreux.

— Elle s'élève en effet à ce chiffre. Mais il est facile de prouver que, dans cette dette formidable, la République n'est pour rien, que les gouvernements monarchiques sont pour tout.

— Faites attention, interrompit Rapinet, que c'est un républicain qui parle.

— Avant d'accuser l'état actuel de nos finances,

il faut rappeler d'abord dans quel état la République les a reçues.

Les armées allemandes occupaient le tiers de la France. Le pays avait réuni tous les hommes valides sous les drapeaux : plus d'industrie, plus de commerce. Une indemnité de **cinq milliards** à payer, sous peine de voir se prolonger indéfiniment l'occupation allemande. Pauvre France ! voilà où elle était tombée !

Donc, la guerre nous a coûté : outre **cinq milliards neuf cents millions** pour intérêts, frais de de change, etc., etc., **quatre cent millions** en secours aux familles des militaires, indemnités aux communes : et enfin les dépenses de la guerre se sont élevées à **deux milliards cent onze mille francs** plus **deux milliards quatre cents millions** pour la reconstitution des armements, fortifications, etc.

En additionnant ces sommes, on trouve déjà **dix milliards huit cent soixante-seize mille francs.** Il faudrait encore ajouter à cette somme l'Alsace et la Lorraine ; et qui pourrait en estimer la valeur ?

Voilà le coût absolument exact de cette terrible guerre. Et aujourd'hui cependant la France a un crédit incomparable. Le trésor dispose de ressources abondantes, tous les services sont mieux pourvus, les petits employés sont mieux rétribués. Or, n'est-ce pas au fruit qu'il faut juger l'arbre ?

— Et les autres **neuf milliards ?** interrogea Rapinet, vous les passez sous silence.

— Il nous ont été légués par les gouvernements antérieurs. Sur les **vingt milliards** composant notre dette, **quinze** ont été dépensés pour les guerres impériales : **cinq cent cinquante millions** par le premier empire, et le reste par le second.

Qu'a fait la République ? Au lieu de détruire, elle a édifié. Depuis 1879, les Chambres ont voté **quatre cent quarante-huit millions** pour les chemins vicinaux, et notre réseau vicinal s'est augmenté, en onze ans, de **548,000** kilomètres. Elle a construit des chemins de fer. Ainsi, en 1871, la France en comptait seulement **17,000** kilomètres ; elle en a aujourd'hui près de **30,000** ; donc, la République, à elle seule, a ouvert presque autant de chemins de fer d'intérêt général qu'il en avait été construit sous tous les régimes précédents. Elle a creusé des canaux : en 1874, nous n'avions que **3,000** kilomètres de canaux ; nous en comptons maintenant **4,700.** Elle a bâti des écoles, encouragé l'agriculture et l'industrie. Nul pays n'est actuellement plus prospère que le nôtre. Notre incomparable Exposition, à laquelle tous les peuples de l'univers ont apporté leurs produits et leur concours, n'en est-elle pas la preuve ?

— Bah ! tout ça, des chiffres de fantaisie, fit le maquignon haussant les épaules.

— Ils sont puisés dans le *Journal Officiel*. Tout le monde peut les contrôler. Ainsi, la République a supporté le poids des fautes et des dilapidations monarchiques, elle a conjuré la ruine, relevé notre crédit, et vous osez l'accuser de gaspiller nos finances ? Il n'est pas de plus monstrueuse injustice.

— Et ces fameux dégrèvements depuis si longtemps promis, où sont-ils ? interpella l'épicier.

— Mais il me semble que nul mieux que vous ne peut le savoir. N'a-t-on pas dégrevé le sel, les huiles, les savons, les sucres, la chicorée, le papier ? Et vous, Grisard, qui vendez du vin, n'a-t-on pas dégrevé les vins ? Et vous, Beuvier, ne savez-vous pas qu'on a supprimé l'impôt sur les chevaux et les voitures du cultivateur ? Et tant d'autres dégrèvements que je n'ai pas présents à la mémoire. La République n'a-t-elle pas aussi dégrevé les communes des centimes facultatifs qu'elles s'imposaient pour l'instruction primaire ? En somme, la République a déjà restitué aux contribuables plus de **trois cents millions** sur les impôts que la guerre de 1870 a coûtés.

Quel autre gouvernement aurait pu en faire autant ?

— Est-ce que l'agriculture, reprit Herbault, n'a pas été particulièrement l'objet de toute la sollicitude de la République ?

— Ah ! oui ! l'agriculture, parlons-en ! s'écria Rapinet.

— Elle est dans une jolie situation, ajouta l'ancien notaire. On ne récolte même plus pour payer les impôts. A aucune époque, je crois, les souffrances des campagnes n'ont été plus grandes, plus continues.

— Ça, oui, articula un paysan. C'est même dégoûtant de piocher du matin au soir, sans pouvoir mettre un sou de côté pour ses vieux jours.

— Messieurs, reprit Herbault, je reviens précisément de Paris. J'ai visité, à l'Exposition, la section de l'agriculture, et j'y ai vu une chose vraiment ingénieuse. On a eu l'idée de représenter, sous la forme de cubes dorés, le volume des sommes dépensées, chaque année, pour l'agriculture ; et rien n'est curieux comme cette échelle progressive, croissant dans des proportions qui vous stupéfieraient. Sous Louis-Philippe, ce sont de petits cubes presque imperceptibles, puis, sous l'Empire, ils progressent un peu ; mais depuis l'avènement de la République, ces cubes augmentent tous les ans de volume, en proportions considérables. Enfin, dans les dernières années, ils sont devenus énormes. Et vous dites pourtant que le gouvernement ne fait rien pour l'agriculture. Comme je m'occupe particulièrement de ces questions, je sais quelle est la sollicitude incessante du gouvernement pour les campagnes. C'est d'abord à la République que l'on doit l'organisation de l'enseignement agricole, appelé à régénérer nos modes de culture, et à augmenter considérablement la richesse nationale.

— C'est étonnant comme elle augmente la richesse du pauvre cultivateur ! Tous les fléaux à la fois, dit Beuvier, s'esclaffant.

— Ah ! s'écria Grimaud, c'est la punition du ciel, pour toutes les impiétés qui se commettent avec l'encouragement du gouvernement.

— Eh bien ! Grimaud, riposta Claudet, tu as vraiment une haute idée de ton bon Dieu, si tu crois que c'est lui qui nous envoie tous ces fléaux.

— Non, nous ne croyons pas, dit le notaire, que

ce soit la République qui nous ait amené le phylloxera et toutes les calamités qui affligent nos vignes ; mais le paysan souffre, tout le monde souffre ; et, ma foi, il est tout naturel qu'on prête l'oreille à ceux qui vous promettent du bon pain blanc et quelque chose avec.

— Sans doute, repartit Berthier, à un ignorant qui souffre, si l'on se présente comme le guérisseur infaillible, on peut lui conter tout ce qu'on veut. On est sûr de se faire écouter, et il est aisé de critiquer et de vilipender le gouvernement. Mais il faut peser ces accusations et en voir le mobile.

— Ça, c'est vrai ! exclama l'Enclume. Si j'ai été un moment boulangiste, c'est qu'on m'avait trompé, c'est que ce nom de bon augure m'avait séduit. Mais j'en suis revenu, Dieu merci ! Et maintenant, je suis, au contraire, convaincu que, s'il arrivait, Boulanger ne nous donnerait pas même du pain noir.

— Bravo ! camarade ! fit Claudet, en lui tapant sur l'épaule.

— Donc, messieurs, reprit Herbault, voici ce que la République a fait pour l'agriculture, et cette dernière Chambre, que la réaction accuse de tant d'impuissance, a amplement contribué à ces lois généreuses. Je me bornerai à les énumérer.

Loi sur la police sanitaire pour éteindre les maladies contagieuses, si ruineuses pour l'agriculteur.

Subsides à M. Pasteur pour ses recherches qui l'ont conduit à de merveilleuses découvertes ;

Loi sur le phylloxéra en France et en Algérie ;

Loi sur les échanges de parcelles contiguës ;

Loi sur le reboisement ;

Loi sur la création et le développement des canaux d'irrigation ;

Loi sur les vices rédhibitoires ;

Loi sur les sucres et le sucrage des vendanges ;

Tarifs de douane pour les céréales et bestiaux ;

Loi sur la destruction des loups ;

Reconstitution de l'Institut agronomique ;

Institution des écoles pratiques et des chaires départementales d'agriculture ;

Création d'écoles d'irrigation, de sériciculture, de viticulture, d'horticulture, d'arboriculture, de laiterie, écoles primaires agricoles, laboratoires agricoles, stations de recherches agronomiques, etc. J'en oublie forcément.

Enfin, le vinage, qui intéresse tant de départements, finira par avoir aussi sa solution. Et quelles sont les classes qui bénéficient le plus des créations d'écoles primaires, des avantages offerts par la Caisse des chemins vicinaux et de la construction du dernier réseau de chemins de fer ? Comme vous le voyez, jamais, à aucune époque, aucun gouvernement n'a plus fait pour l'agriculture. Ajoutons-y encore cependant la loi sur les syndicats agricoles, dont malheureusement les réactionnaires, en beaucoup d'endroits, se sont emparés comme moyen de propagande. Et sachez bien, messieurs, que c'est le propre d'un gouvernement républicain de chercher à instruire, éclairer, protéger les populations, assurer leur bien-être.

Sans doute, nous traversons une crise agricole et industrielle qui atteint à la fois les campagnes et les villes; mais cette crise est universelle, elle sévit aussi bien dans les Etats monarchiques et catholiques qu'en France. La République est donc absolument étrangère à cette situation qui ne peut être que passagère, et l'en accuser est une aberration véritable ou, plutôt, une mauvaise foi révoltante.

— Bravo! bravo! cria Claudet.

— Vive Boulanger! ripostèrent quelques voix plus faibles.

— Mais les deux plus grands bienfaits de la République, c'est la nouvelle loi militaire qui restreint à trois ans le service, qui, par conséquent, rend des bras à l'agriculture et qui, en supprimant le volontariat, rend égal pour tous le tribut du sang.

— Et l'on envoie les séminaristes au régiment! cria Rapinet : une nouvelle infamie. Mais patience!

— Egalité devant la loi, telle est la base d'un gouvernement équitable.

— Enfin, autre bienfait inappréciable : Instruction gratuite et obligatoire ; est-il utile de parler. Instruction Publique aux gens de Neubourg qui voient tous les jours ce que leur maire a pu faire, grâce au concours du gouvernement? Nos deux écoles sont admirables, autant par leur bonne tenue que par l'instruction qu'on y reçoit.

— Il n'est pas besoin d'être si savant pour piocher la terre. On en apprend trop maintenant à la jeunesse, dit Grimaud, surtout aux femmes.

— Ça, c'est bien vrai approuva Beuvier. Pourvu qu'elles sachent tenir leur ménage et raccommoder leurs enfants, c'est assez.

— Et chanter des cantiques, n'est-ce pas? riposta Claudet. Eh bien! nous voulons, nous, que nos filles ne soient pas dans leur ménage des bêtes de somme sur lesquelles on tape, et qu'on épuise de travail. Aussi, la plus grande gloire de M. Berthier, c'est son école supérieure pour les filles; et tout le monde, sauf les cafards, l'en glorifie.

— Un seul chiffre, puisque vous demandez à quoi l'Etat dépense votre argent. Le budget de l'instruction publique, qui était sous Napoléon III de **2 millions 866,000 francs,** atteindra pour 1890 **152 millions 154,343 francs.**

— Et tout cela pour produire une nuée d'instituteurs et d'institutrices sans religion, répliqua Rapinet.

— Ne disiez-vous pas tout à l'heure que nous avions chassé Dieu de l'école? Non, M. Rapinet, nous avons tout simplement remis les choses à leur place. Il n'y a pas très longtemps encore, l'instituteur dominé, annihilé par le curé, subissait une sorte d'esclavage. Nous l'avons relevé dans sa dignité de citoyen, d'éducateur du peuple.

— Enfin, vous ne pouvez nier que vous ne

pieniez plaisir à persécuter la religion, et ceux qui la pratiquent. Votre odieux article 7 est là.

— J'attendais cela, M. Rapinet, répondit Berthier. La République n'a dispersé que les communautés qui ont refusé de se soumettre à la loi, la même pour toutes les associations. Ils s'agissait seulement pour les ordres religieux de demander une autorisation ; la preuve, c'est que ceux qui l'ont demandée l'ont obtenue. Il n'y a que les communautés réfractaires à la loi qui aient été dissoutes ; et leur résistance n'avait d'autre but, soyez-en sûrs, que de soulever les populations contre la République.

— Voyons, Grimaud, parle, qu'as-tu à ajouter à cela ?

— Que les curés, comme les ordres religieux, ne doivent relever que de Dieu et du pape.

— Et que vous n'avez qu'un rêve, nous ramener les jésuites ?

— Oui nous voulons leur retour, s'écria Rapinet avec exaltation, pour purifier, sanctifier la France, Et nous comptons bien que l'année même du Centenaire verra l'expiation de votre abominable révolution.

— 1889 souffleter 1789 ! répliqua M. Herbault avec véhémence. Non ! M. Rapinet, vous ne verez pas cela. Le progrès n'est pas un cercle, c'est une spirale. Il semble parfois qu'on retourne en arrière, mais à chacun de ces retours apparents, on s'élève davantage. Non, non, la France ne veut plus de roi ni de César. Elle sait trop ce que lui ont coûté ces têtes couronnées. Vous parlez des excès de notre révolution ; mais il n'est pas d'excès commis

par le peuple dans ses jours de grandes colères,
que les rois et même les papes n'aient dépassées
cent fois. On frémit quand on se rappelle les in-
nombrables victimes de l'inquisition, de la Bastille,
les séquestrations, les empoisonnements, les ou-
bliettes, la disparition, en un mot, de tous ceux qui
gênaient les rois ou leurs courtisans. Puis les massacres religieux, la terreur blanche, les coups
d'Etat et leurs mitraillades, enfin toutes les iniqui-
tés des despotes ivres de pouvoir, livrés sans frein
à leurs fantaisies et à leurs vengeances. Et quelle
a été la fin de ces règnes si glorieux ? Voyez les
deux Napoléons, ces deux grands tueurs d'hommes : l'un à Waterloo perd son empire et finit
prisonnier à Sainte-Hélène ; l'autre, après Sedan,
va mourir en exil, maudit de tous les Français.
Qu'est-il resté de leurs victoires ? Du sang, des
larmes, la destruction, la ruine !...

— Vous tous ici, reprit Berthier, petits-fils et
arrière-petits-fils des paysans de 89, rappelez-
vous donc que les paysans d'autrefois étaient des
serfs attachés à la glèbe, taillables et corvéables à
merci, payant la dîme et mille redevances aux
seigneurs et aux moines, et qu'ils étaient si malheureux, si pauvres qu'ils ne vivaient que d'eau
et de racines. Qui donc les a affranchis ? La Révolution, cette Révolution que vous maudissez,
M. Rapinet. Et qui donc a fait de ces esclaves des
propriétaires ? encore la Révolution qui leur a
permis d'acquérir le sol national jusqu'alors presque entièrement accaparé par les nobles et le haut
clergé. Qui donc de ces sujets a fait des citoyens ?
La Révolution. Qui donc a donné aux cultivateurs,

aux fermiers le droit de réunion, d'association, de syndicat pour sauvegarder leurs intérêts ? La République ; notre République. Et elle l'a fait pour les protéger contre l'exploitation des gros propriétaires et des industriels. Vous, qui devez tout à la Révolution, à la République, vous cherchez, vous appelez un homme qui vous sauve contre elle, contre elle qui ne peut vouloir que votre bien. Roi ou César, ce sauveur sera fatalement un despote qui vous replacera sous le joug. Et la preuve, la voici : Tout le programme de celui que les réactionnaires appellent déjà l'homme providentiel, se résume dans ces deux articles de la Constitution proposée par lui à la Chambre, le 4 juin 1888 :

1° Le Président de la République nommerait les ministres, qui ne seraient responsables que devant lui ;

2° Il aurait le droit d'opposer son veto aux lois qui lui déplairaient.

Vous le voyez, c'est la constitution impériale, corrigée et perfectionnée dans le sens du pouvoir absolu. Est-ce assez clair ?

IV

# Le vieux proscrit

En ce moment, le père de M. Berthier, le vieux proscrit, apparut sur le seuil de la porte.

Se redressant dans sa haute taille, il s'avança jusqu'au milieu de la salle, et promenant autour de lui un regard imposant, il dit d'une voix ferme et vibrante :

— Où sont-ils, ceux qui veulent nous ramener encore un César d'aventure, en tout pareil à Napoléon III, le bandit de décembre? J'ai été le témoin et la victime de l'autre coup d'Etat. Eh bien! tout ce que je vois aujourd'hui me fait frémir. Ce sont les mêmes hommes, avec d'autres noms. Ce sont les mêmes mensonges, les mêmes trahisons, les mêmes bassesses. Ce seraient encore les mêmes exactions, les mêmes massacres, les mêmes persécutions, les mêmes carnages.

La Prusse nous guette. Si Boulanger arrivait, demain nous aurions la guerre. C'est dans cette prévision que l'Empereur d'Allemagne s'agite, court aux quatre coins de l'Europe, s'assurer des alliances ; que l'Italie, alliée de l'Allemagne, prépare ses armements. La guerre! Ne tremblez-vous pas à la pensée qu'un semblable fléau pourrait encore s'abattre sur la patrie?

— Cela n'est pas. Boulanger a déclaré qu'il veut la paix, riposta Rapinet.

— Napoléon aussi promettait la paix. N'a-t-il pas prononcé ces mots célèbres: l'*Empire, c'est la paix*. Et, le lendemain de son avènement, c'était la guerre. Ils se disent, ces prétendants, plus libéraux, plus soucieux de notre bonheur que les républicains eux-mêmes. Et vous les croiriez? Remarquez donc que ce sont les descendants de ceux qui, il y a cent ans, vous tenaient sous le joug, qui, aujourd'hui, vous prêchent que vous n'aurez la liberté qu'avec eux et par eux. Vous vous laisseriez prendre à cette glu ? Non, non, plus de despotes. Si l'on venait nous imposer un roi, tout vieux que je suis, je sauterais encore à mon fusil pour défendre la République. Mais il sera inutile de recourir aux fusils. Il suffira d'un coup de talon pour écraser la réaction.

A mesure que l'ancien proscrit parlait, les protestations devenaient plus rares, moins vives. On voyait passer ses convictions si sincères dans l'esprit de ses auditeurs.

Sauf les enragés cléricaux, comme Grimaud et Rapinet, Moutonnet et Beuvier, l'épicier et Grisard, tous semblaient gagnés sérieusement au candidat républicain,

Mais tout à coup, on appela Rapinet, qui sortit précipitamment. Le marquis le demandait.

Quelques instants après il rentra.

— Messieurs, dit-il, une grande nouvelle! M. le marquis de Vélizay retire sa candidature au Conseil général en faveur du général Boulanger, qui pose la sienne dans ce canton.

Il y eut un moment de stupeur. On ne connaissait point encore par les journaux la résolution du général de plébisciter à l'occasion du renouvellement dés Conseils généraux.

Berthier, le premier moment de surprise passé, reprit ;

— Eh bien! nous combattrons Boulanger, comme nous aurions combattu M. de Vélizay. Mais ce

Boulanger est bien maladroit. Décidément son étoile l'abandonne. Se porter contre un républicain à la place du marquis de Vélizay, c'est montrer par trop le bout de l'oreille. Et si quelqu'un pouvait avoir un doute sur ses intentions futures, je pense que cela seul suffirait à l'éclairer. « Imagine-t-on, écrivait le plus enragé des impérialistes, que sans l'élection Boulanger, nous aurions pu l'emporter aussi facilement dans la Dordogne? Le général avait fait le lit; et c'est nous qui nous y sommes couchés. » Tel est M. de Vélizay : son élection lui semblant perdue, il appelle M. Boulanger pour faire le lit ; et ensuite il s'y couchera à sa place. Car pour eux Boulanger n'est autre chose, ils le proclament, qu'une machine de guerre pour renverser un gouvernement qu'avec leurs seuls efforts, ils sont impuissants à mettre par terre. Vous le voyez; d'ailleurs, pour les réactionnaires, qui tous, le crient sur les toits, ce n'est qu'un *instrument*, un *outil*, un *engin*, une *catapulte* que les circonstances leur apportent pour tuer la République. Donc, mes amis, redoublons d'ardeur. Et, croyez-moi, nous battrons Boulanger comme nous aurions battu M. de Vélizay.

Ces dernières paroles se perdirent dans la confusion, l'agitation que venait de produire [cette nouvelle tout à fait inattendue.

# V

# La Victoire

La lutte pendant ces trois jours fut ardente, on se battait à coups d'affiches, à coups de langue et à coups de poings. Claudet et Pichon firent des prodiges d'activité et même d'éloquence.

Bref. Le général eut 400 voix et M. Herbault 1,150. Victoire immense pour la République, défaite écrasante pour la réaction.

Le lundi matin, Neubourg était en joie. Il semblait qu'on respirait plus librement, qu'on venait d'échapper à un grand danger.

Claudet rencontra quelques jours après le sacristain qui marchait en grommelant, la tête basse, l'œil noir et mauvais.

— Hein ! Qu'en dis-tu, Grimaud ? Nous l'avons eue belle. Et notre pari ?

— Notre pari ! Je n'ai point parié pour Boulanger, mais pour le marquis.

— Jésuite, va ! n'était-ce pas tout un ?

— Nenni. Et d'ailleurs, ce Boulanger, en somme, pour nous, qu'est-ce ce que c'est ?

— Vous le lâchez. Parfait ! Parfait !

— Cette alliance avec les communards, ça ne m'allait guère. Comme le disait fort bien, l'autre jour, ton mauvais Berthier, ce n'était, à nos yeux, qu'une pioche pour démolir votre infâme République. Mais, puisque la pioche ne vaut rien, nous nous en passerons. Tout n'est pas perdu, mon luron, il y aura bientôt des élections de députés, nous prendrons notre revanche.

— Paries-tu encore un écu que c'est nous qui gagnerons ?

— Pourvu que notre candidat soit nommé, je n'ai pas besoin d'un écu. Je serai assez content.

— Tu flanches. Eh bien ! moi, Grimaud, je te préviens que l'an prochain, au 14 juillet, je planterai six drapeaux, au lieu de deux, sur ton clocher. Car nous serons encore en République, M. Berthier sera toujours maire, et Claudet aimera toujours à rire un brin.

Et il s'en alla, chantant sur le rhythme des lampions :

> Boulanger, dans le pétrin,
> Dans le pétrin, Boulanger.

---

M. Herbault est candidat aux prochaines élections législatives. M. Berthier est comme toujours sur la brèche. La victoire semble d'autant plus facile que son concurrent est le marquis de Vélizay, et que la campagne se trouve déjà à moitié faite.

# CONCLUSION

On a reproché à la Chambre qui vient de finir de n'avoir rien fait. Elle a fait tout ce qu'elle pouvait faire. Si elle n'en a pas fait plus, c'est que la droite, trop faible pour détruire nos institutions, se trouvait cependant assez forte pour en troubler le fonctionnement régulier, en provoquant d'incessants conflits. Assurément, les changements fréquents de ministère retardent les réformes si impatiemment réclamées, énervent l'opinion et l'entraînent à de dangereux écarts. Mais il ne faut pas oublier que la même instabilité ministérielle peut se produire aussi bien sous une monarchie, et la preuve, c'est que, sous le règne de Louis-Philippe, c'est-à-dire en dix-huit ans, il y a eu dix-huit changements de ministères.

Mais qu'adviendrait-il, si quelques douzaines de réactionnaires de plus arrivaient à la Chambre? Ce serait la représentation nationale coupée en deux tronçons égaux, ce seraient l'impossibilité de gouverner, l'anarchie, par conséquent la guerre civile, et peut-être la fin de la République. C'est bien là-dessus que comptent nos ennemis, les ennemis du peuple.

Mais non, cela ne sera pas. Nous nous souviendrons des efforts sublimes de nos pères de 89. Et nous ne voudrons pas perdre le fruit de dix-neuf années de progrès incontestables dans la voie de la justice et de la liberté.

Tout notre être se révolte à la seule pensée de la possibilité d'un tel abaissement, d'un tel recul.

Après un siècle, serions-nous plus faibles, moins éclairés que nos aïeux ?

Affermissons nos esprits, élevons nos cœurs, travaillons avec plus d'ardeur encore à l'établissement définitif de la République.

Les réactionnaires sont riches, disciplinés. Ils peuvent réunir facilement, rapidement, d'énormes ressources. Mais nous avons pour nous le bon droit, les bonnes volontés. C'est assez pour vaincre. Cependant, il ne faut pas s'endormir, il faut, en faisant la lumière, entraîner avec nous les ignorants, les hésitants. La vérité a une force invincible. Il faut la montrer à tous. Enfin, il faut réussir. Songez que de notre succès dépendent la sauvegarde de nos libertés et l'honneur même de la patrie.

A jamais :

# Vive la République !

Paris. — Imp. WATTIER & Cⁱᵉ, 4. rue des Déchargeurs